普速区段主要行车岗位人员技能培训手册

红外线值班员

成都铁路局职工教育处　编

中国铁道出版社

2011年·北京

图书在版编目(CIP)数据

红外线值班员 / 成都铁路局职工教育处编.—北京:中国铁道出版社,2011.4

(普速区段主要行车岗位人员技能培训手册)

ISBN 978-7-113-12735-0

Ⅰ.①红… Ⅱ.①成… Ⅲ.①铁路车辆:货车—红外线检测—技术培训—教材 Ⅳ.①U270.7

中国版本图书馆 CIP 数据核字(2011)第 065738 号

书　　名:普速区段主要行车岗位人员技能培训手册
红外线值班员

作　　者:成都铁路局职工教育处　编

责任编辑:王明容

封面设计:崔　欣

责任校对:王　杰

责任印制:郭向伟

出版发行:中国铁道出版社
(100054,北京市宣武区右安门西街 8 号)

网　　址:http://www.tdpress.com

印　　刷:三河市华丰印刷厂

版　　次:2011 年 4 月第 1 版　2011 年 4 月第 1 次印刷

开　　本:787 mm×1 092 mm 1/64 印张:1.5 字数:30 千

书　　号:ISBN 978-7-113-12735-0

定　　价:16.00 元

前 言

为加强主要行车岗位人员技能培训，不断提高职工岗位作业水平，适应铁路快速发展及运输安全新要求，成都铁路局职工教育处会同各业务处和相关单位，按照“必知、必会、必干”的原则组织编写了《普速区段主要行车岗位人员技能培训手册》。

本套培训手册分两批组织编写，本次为第二批，共分助理值班员、运转车长、调车区长、调车长（含驼峰）、制动员、连结员、货运员、客车检车员、车电员、发电车乘务员、客车车辆钳工、客车制动钳工、货车检车员、货车车辆钳工、货车制动钳工、红外线值班员、指导司机、机车调度员、内燃机车司机、电力机车司机、电力机车钳工、电力机车电工、驼峰信号工、车辆减速器信号工、车载设备信号工、电子电气信号工、机电信号工等 27 个分册，分别由胡剑、程丽亚、廖旭麟、朱静伟、钟代洪、徐安明、陈刚、王伟、卢和平、段周龄、余德林、李杰、王静玲、杨闻、范红州、胡勇、涂波、张冀周、孙刚、曾欣、童贵银、陶洪、王俊祥、周泽洪、聂建飞、石龙、徐大波、张家林、王刚、石登华、康树宏、解书全、江钟、孔勇、蒋志勇、薛洲、高明、苟江涛、王忠、张其荣、肖勇、蒋忠明、吴光能、徐远忠、罗永文、张君、刘建、张伯平、曾小勇、谭小林、谭永德等同志编审，在此深表谢意！

本套培训手册适用于相关岗位人员技术业务培训及车间、班组业务学习和职工自学，也可供专业学历教育参考。需要特别说明的是，本套培训手册仅作为职工培训学习使用，不能替代岗位作业指导书。由于编写时间仓促，不足之处在所难免，敬请广大干部职工提出宝贵意见，以便进一步修改完善。

成都铁路局职工教育处

二〇一一年一月

目　录

第一部分　岗位作业规章

一、THDS 规章 ………………………… 3
二、AEI 规章 ………………………… 28
三、TFDS 规章 ………………………… 42
四、TPDS 规章 ………………………… 46
五、TADS 规章 ………………………… 52
复习思考题 ………………………… 58

第二部分　岗位作业程序及标准

一、工作职责及人员素质 ……… 61
二、作业流程 ………………………… 62
三、热轴预报及处理流程 ……… 69

四、TPDS、TADS、TFDS 作业标准 ………………………………… 73
复习思考题 ………………………………… 75
第三部分　常见故障判断及应急处理
一、5T 及 AEI 复示机房发生火灾的应急处置措施 ……… 79
二、THDS 大面积发生与中心通信中断处置措施 ………… 80
三、AEI 大面积发生不传车处置措施 ………………… 81
四、触电应急处置措施 ………… 82
五、对货车超偏载监控措施 …… 83
六、无法预报时处理措施 ……… 87
复习思考题 ………………………… 87

第一部分

岗位作业规章

一、THDS 规章

（一）系统构成

THDS 由铁道部查询中心、铁路局车辆运行安全监测站、铁路局行车调度复示终端、车辆段复示站、列检复示站、探测站及通信网络组成。

1. 铁路局监测站设于铁路局调度所，业务工作由铁路局车辆处管理。铁路局监测站由数据传输设备、数据处理设备、监控终端等构成，按一主一备配备，通过专用通道或铁路计算机网络与管内探测站相连接，实时监测全局 THDS 探测、预报信息，监控系统运行状态，并进行相关数据汇总和分析。

2. 车辆段复示站设于车辆段调度室或动态检测车间，由车辆段管理。车辆段复示站由复示终端、通信（网络）

接口设备、防雷装置、不间断电源等构成，通过专用通道或铁路计算机网络与铁路局监测站相连接，实时监控 THDS 探测站的网络和设备运行状态，汇总、统计、分析及上报相关数据。

3. 列检复示站设于车辆技术作业场所，由车辆段管理。列检复示站由复示终端、通信（网络）接口设备、防雷装置、不间断电源等构成，通过专用通道或铁路计算机网络与铁路局监测站和探测站相连接，实时监测本站 THDS 探测、预报信息，监控系统运行状态，汇总、统计、分析及上报相关数据。

4. 探测站沿铁路线路按 30 km 左右设置（特殊情况不超过 35 km），由车辆段管理。探测站由探测站主机、车轮传感器（以下简称磁钢）、轴温传感器（以下简称探头）、车辆智能跟踪装置、通信（网络）设备、防雷装置、综合接地装置等组成，对运行车辆轴温进行实时探测。

5. 信息（通信）部门负责通信网络管理，实现铁道部查询中心、铁路局监测站、车辆段复示站、列检复示站、探测站之间的信息传输。

（二）系统基本功能

THDS 具有实时监测运行车辆轴温、智能跟踪和热轴自动报警等基本功能。

1. 探测站

（1）自动探测运行车辆的轴承温度；

（2）自动判别列车运行方向；

（3）自动测速、计轴、计辆；

（4）系统具备自检功能和远程维护功能；

(5) 数据自动存储；

(6) 配备车辆智能跟踪装置，识别车次、车号信息，判别车辆轴位。

2. 列检复示站

(1) 实时显示探测站探测信息，热轴自动报警；

(2) 实时显示探测站运行状态；

(3) 具备数据查询、分析功能，自动生成统计报表。

3. 车辆段复示站

(1) 实时显示探测站探测信息和设备运行状态；

(2) 具备数据查询、分析功能，自动生成统计报表。

4. 铁路局监测站

(1) 实时显示铁路局探测站探测信息、热轴报警信息和设备运行状态；

(2) 自动接收、存储探测站的探

测数据，向行车调度复示终端、车辆段复示站和信息联网设备转发数据；

(3) 综合利用5T信息进行热轴预报；

(4) 具备数据查询、分析功能，自动生成统计报表；

(5) 可储存1个月数据。

（三）综合管理

1. 基本原则

THDS设备检修维护管理工作按照“以车辆部门为主，相关部门为辅”的原则，实行铁道部、铁路局和车辆段三级管理，充分发挥各级机构的作用，落实THDS设备“定岗、定员、定量、定责”和“包人、包机、包修”（四定三包）制度。

2. 部门管理分界

(1) 车辆与供电部门管理分界：

探测站、列检复示站、车辆段复示站、铁路局监测站机房用电以电力电缆引入室内配电箱端头为界，端头以外由供电部门负责，端头以内（包括配电箱）由车辆部门负责。

（2）车辆与通信、信息部门通信接口管理分界：探测站、列检复示站、车辆段复示站、铁路局监测站通信和信息接口有三种方式：使用音频话路通信接口分界在接线端子；使用数字通信接口分界在RJ-45插头插座；使用光纤通信接口分界在光接口插头插座。

3. 故障应急抢修制度

铁路局、车辆段应建立THDS设备故障处理快速反应机制和应急处理预案，设备故障停机须在规定时间内恢复。探测站设备故障恢复时间为昼间不超过6 h，夜间不超过12 h；列检复示站、车辆段复示站和铁路局监测站设备故障恢复时间为昼间不超过2 h，夜间不超过4 h。

4. 设备检修及故障抢修报告制度

（1）THDS设备故障停机超过规定时间的，责任单位须在24 h内将具体情况书面上报铁路局车辆处。THDS设备故障停机超过24 h由铁路局车辆处将相关情况上报铁道部。

（2）THDS设备因检修停机，维修人员应通知列检复示站值班员、车辆段复示站值班员和铁路局监测站调度员，并如实填写《THDS设备维修记录簿》，详细记录停机时间、恢复时间，并通过系统逐级上报。列入大、中修计划进行换机修的停机按铁路局审批的计划实施。

铁路局监测站、车辆段复示站、列

检复示站设置《THDS 设备故障统计簿》和《THDS 设备维修记录簿》，探测站设置《THDS 设备临修记录簿》和《THDS 设备维修记录簿》，《THDS 设备维修记录簿》按照 THDS 设备检修标准制订。值班（调度）应认真填写相关内容，并按时上报。

（3）设备使用安全制度

①THDS 各级联网计算机须安装防病毒软件，防病毒软件应通过铁路局防病毒服务器及时升级、更新，操作系统应及时升级、更新，维修人员定期检查。

②THDS 各级联网计算机的远程登录及系统密码须设专人负责管理和维护。

（4）联控制度

①供电部门：确保 THDS 供电正

常，两路供电线路不得同时停电检修。接到故障通知后，立即查找原因并进行处理，做好记录备查。

②工务部门：凡涉及影响 THDS 设施的线路施工，须提前通知车辆部门，由车辆部门派人配合施工。

③电务部门：在 THDS 传输通道或电话发生故障后，负责督促通道维护部门查找原因并及时恢复，做好记录备查。

④信息部门：负责 THDS 网络及查询双机群集（联网）服务器的管理与维护，接到网络及查询双机群集（联网）服务器故障通知后，应尽快查明原因，及时恢复。

5. 系统技术指标要求

THDS 设备技术指标分为使用率、兑现率。使用率须达到 95% 以上，强热、激热预报兑现率须达到 70% 以上。

上述指标按月计算，计算方法如下：

使用率 =（系统工作时间/系统工作时间 + 系统故障停机时间）×100%

兑现率 =（确认故障轴数/预报强热、激热故障总轴数）×100%

注释：

（1）系统故障停机时间不包括计划施工及设备检修时间；

（2）确认故障轴数为预报强热、激热拦停甩车后，经检查确认故障更换车轮的数量。

（四）预报标准

1. 预报标准

THDS 对铁路货车滚动轴承的热轴故障分三级进行报警，分别为激热、强热、微热。安装 THDS-A 型和经双探改造设备线路区段的预报标准由铁道部统一制定，使用统一的预报软件，其他线路的具体预报标准由铁路局和THDS设备生产厂家共同确定，并报铁道部车辆主管部门备案。

2. 预报内容

THDS对符合热轴预报标准的车辆在铁路局监测站（列检口探测站同时在相应列检复示站）自动声光报警，报警信息包括探测站名称、列车通过时间、车次、运行方向、编组辆数、车号、故障车位、左/右侧、轴位、报警等级和热轴波形等；强热、激热等符合列车拦停预报的报警内容须同时复示到相关铁路局行车调度台，同时声光报警；所有热轴报警信息并实时上传铁道部查询中心，铁路局监测站值班员负责按规定预报处理。

（五）设备维修

1. 集中监控

铁路局监测站和车辆段复示站负责对管内 THDS 运行状态进行实时监控，当系统出现异常或故障时，通知并协调有关部门和单位进行处理，保障系统正常运行。

2. 探测站设备的日常维护

探测站设备原则上实行半月检，探头标定每月一次。

3. 铁路局监测站和复示站设备的日常维护

铁路局监测站和复示站设备日常维护由调度（值班）员负责，内容包括：检查计算机主机运行状态、网络传输状态、供电情况、不间断电源、防病毒软件工作状态以及应用软件的工作状态。铁路局监测站设备故障抢修由铁路局车辆检测所负责，复示站设备故障抢修由车辆段动态检测车间负责。

4. 故障应急抢修

THDS 探测站设备发生故障时，由车辆段复示站值班员及时组织处理并通知铁路局监测站。系统网络、供电及铁路局监测站设备发生故障时，由铁路局监测站调度员及时通知相关维修部门。铁路局监测站应督促各相关维修部门尽快排除故障，处理完毕后，填写停机时间、原因及恢复时间等相关记录。THDS 探测站设备故障修复后，维修人员须与车辆段复示站值班员双方确认正常后，方可通知铁路局监测站正式使用。

5. 检修时间、方式（表 1）

表 1

项目	半月检	春秋整修	中修	大修
修时	1 天	3 天	10 天	15 天

（六）技术条件

1. 设备功能

THDS 系统综合运用自动化控制技术、红外线辐射探测技术、光机电一体化技术、网络通信技术和计算机智能化技术，具备在列车运行状态下计轴计辆、智能跟踪、测量轴承温度和热轴故障自动预警的功能。

THDS 设备应具备下列基本功能：

（1）自动监测运行车辆的热轴故障；

（2）自动判别列车运行方向；

（3）自动识别机车；

（4）自动测速；

（5）自动识别客、货车辆及动车组；

（6）自动识别滑动轴承和滚动轴承；

（7）自动计轴、计辆；

（8）具有系统自检功能；

（9）数据自动存储；

（10）配备车辆智能跟踪装置，正确读取机车、车辆车号信息，识别轴位。

2. 技术要求

（1）探头

THDS 探头的分类按测温元件划分。

①热敏探头——探头采用热敏电阻元件。热敏探头按放大电路的类型又分为热敏电阻直流探头和热敏电阻调制探头。

②光子探头——探头采用光子元件。光子探头按放大电路的类型又可分为光子直流探头和光子调制探头。

（2）磁钢

磁钢应符合以下技术要求：

①适应车速 5～350 km/h；

②引线与外壳的绝缘电阻应大于 200 MΩ；

③噪声电压应小于 50 mV 峰峰值（空载），当测试者用手掌压在传感器表面加感后，噪声值增加量应不大于原值的 20%，即小于 60 mV 峰峰值；

④振动噪声应小于 50 mV 峰峰值（空载）；

⑤最大输出幅值：（14 ±1） V；

⑥磁极性：磁钢顶部磁极性为 N 极。

（3） 数据处理主机

数据处理主机应符合以下技术要求：

①适应车速 5～350 km/h；

②能够处理最大编组 256 辆的

列车；

③能够存储 240 列过车数据；

④在列车通过 20 s 之内完成数据处理工作；

⑤具备数据接口和数据容量的扩充能力。

(4) 车辆智能跟踪装置

车辆智能跟踪装置采用车号自动识别设备，并应符合 TB/T 3070—2002 的有关规定。

(5) 通信（网络）接口

通信（网络）接口应符合以下技术要求：

①适应音频专线或数字通道接入要求；

②支持系统远程维护技术；

③具备数据接口扩充能力。

（七）系统供电

1. THDS 设备应有可靠的电源保证

（1）THDS 设备由两路电源供电。

（2）在自动闭塞区段及电力贯通区段，可由自动闭塞、电力贯通线上接引电源。

（3）其他地区所接引的电源须优先选用可靠电源，并不得低于二级负荷供电。

（4）探测站须配备在线式 UPS 不间断应急电源，具备二路电源的探测站配备 2 h 在线式 UPS 不间断应急电源，单路电源的探测站须配备 8 h 在线式 UPS 不间断应急电源。

（5）铁路局监测站、车辆段复示站、列检复示站具备两路供电，并配备 2 h 在线式 UPS 不间断应急电源。

（6）电压允许波动范围：交流220 V

（允差为 -20% ~ +15%），50 Hz。电力电压波动较大的地区，应使用宽稳压性能的交流稳压器。

2. THDS 设备电力故障

THDS 设备电力电源故障或电压波动超限时，由车辆部门通知供电部门，并建立故障处理登记制度，按系统定期汇总，逐级上报，故障停电处理时间以供电部门接到电话通知算起。

（八）网络及传输通道

1. 网络构成

（1）THDS 系统的网络及传输通道是 THDS 信息传输的重要组成部分，在音频通道星形网络的基础上，逐步升级改造，实现网络数字化。

（2）星形网络是指每一个探测站、复示站使用一条专用通道与铁路局监测站连接，采用查询或中断管理方式。数字网络是指探测站、列检复示站、车辆段复示站、铁路局监测站等通过铁路计算机网络实现信息传输。

（3）数字网络通道要求

①传输采用 TCP/IP 协议，利用 VPN（虚拟专网）技术构建 THDS 信息传输专网。

②从探测站到铁路局监测站的数据传输延时应小于 1 min。

③应保证通信网络 24 h 不中断。

④两相邻探测站信息传输不能同时中断。

⑤新增探测站应通过光纤接入既有铁路计算机网络。

⑥信源点接入专线带宽要求：探测站不低于 128 kbit/s，列检复示站、车辆段复示站不低于 512 kbit/s，铁路局监测站、车辆检测所不低于 2 Mbit/s。

2. 通信（网络）管理

（1）相邻铁路局监测站通过铁路计算机网络或专线通道实现局间THDS信息互传，相互传输各自距分界站最近两个探测站的探测信息，信息互传格式、通道（网络）技术条件应符合铁道部的有关规定。

（2）THDS探测站至复示站、通信机械室的传输光（电）缆、长途干线以及铁路局监测站地区电缆均由通信部门提供和管理。

（3）THDS传输通道须满足相关通信技术要求。

（4）THDS网络通道由信息部门提供，联网数据传输及网络畅通由各级信息部门负责。

（5）铁路局监测站至少设三部管内自动电话，铁路局监测站与行车调度之间设直通录音电话，复示站、探测站各设一部局管内自动电话。

（九）动态检测

1. 红外线检测车组成

红外线检测车由铁路客车和动态检测装置组成，动态检测装置须经过铁道部技术评审。动态检测装置由安装在客车车体上的模拟车轮、模拟轴箱、探头方位尺、控温模块、无线传输、GPS 模块及检测计算机等组成。

2. 红外线检测车功能

（1）自动检测地面探测装置的测温精度。

（2）自动检测探头的方位偏移程度。

3. 动态检测要求

铁道部定期组织全路的 THDS 动态检测。铁路局动态检测干线每 2 个月、支线每3个月一次，根据需要可加大检测频次。检测车检测数据保存期为3个月。

（十）责任

1. 凡经 THDS 探测的车辆发生热切轴事故时，按《铁路交通事故应急救援和调查处理条例》及《铁路交通事故调查处理规则》办理。

2. 当发生以下情况而未能防止货车热切轴事故时，追究相关部门、单位的责任：

（1）属设备设计、制造质量缺陷的，列设备厂家责任。

（2）属使用不合格设备、技术改造不符合铁道部技术政策，以及设备大、中修过期的，列铁路局管理责任。

（3）属设备大、中修质量缺陷的，列检修单位责任。

（4）属装用的配件质量缺陷，列配件制造单位责任，追究配件装用单位责任。

（5）属使用配件不符合铁道部规定的，列配件采购、装用单位责任，同时追究配件制造单位责任。

（6）属设备日常维护不到位，列维护单位责任。

（7）属检修、维护管理人员违章违纪造成设备漏探的，列检修、维护单位责任。

（8）属传输通道和网络原因造成THDS信息中断、误传的，列传输通道和网络维护单位责任。

（9）属营业线施工或设备供电等原因造成THDS不能正常探测的，列施工管理或设备供电维护单位责任。

3. 当THDS预报热轴拦停列车，

经检查确认轴承无故障时，列 THDS 设备故障，按半月检标准（含探头标定）对设备进行技术鉴定，确定相关责任：

（1）属设备设计、制造质量缺陷的，列设备厂家责任；

（2）属设备大、中修质量缺陷的，列检修单位责任；

（3）属装用的配件质量缺陷，列配件制造单位责任，追究配件装用单位责任；

（4）属使用配件不符合铁道部规定的，列配件采购、装用单位责任，同时追究配件制造单位责任；

（5）属设备日常维护不到位，列维护单位责任；

（6）属使用不合格设备，技术改造不符合铁道部技术政策，以及设备大、中修过期的，列铁路局管理责任。

4. 设备生产厂家和检修单位承担产品在质量保证期内的质量责任。

二、AEI 规章

（一）系统构成

车号系统由车辆电子标签（TAG）、地面自动识别设备（AEI）、数据信息集中管理设备（CPS）、列检复示设备、车辆段复示设备、铁路局分界站统计复示设备、铁路局监控系统、铁路局车号信息查询子系统、铁道部车号信息查询子系统、铁道部车号信息管理中央数据库、标签编程管理系统及通信网络等构成。

（二）地面自动识别设备（AEI）

AEI 设备主要由磁钢、低速探测装置、地面天线、射频装置、读出处理计算机、数据传输接口等部分构成。实时对通过列车信息及标签信息进行识别，并将识别的信息处理后，通过网络或专线方式传至数据信息集中管理设备（CPS）。

（三）列检复示设备

列检复示设备对车站 AEI 设备识别的列车信息和故障信息进行复示，主要对标签及 AEI 设备的运用状态、设备故障进行管理。列检复示设备应具备故障自动报警功能，对 AEI 设备运行状态、设备故障、未识别标签等情况进行自动报警。列检复示设备安装于列检值班室。

（四）车辆段复示设备

车辆段复示设备对所管辖的 AEI 设备的运行情况进行实时监控，对设备故障进行报警，对 AEI 设备进行远程管理、远程维护。车辆段复示设备设于车辆段，由车辆段管理。

（五）设备维护检修的基本原则

网络监控即采用远程监控技术对AEI设备进行实时监控。列检复示站负责实时监控列检所在站AEI设备运行状态，车辆段复示站负责监控所管辖的AEI设备的运行状态，铁路局AEI监控中心负责监控全局AEI设备运行状态，铁道部查询中心负责对全路AEI设备运行情况进行统计分析。

自动报警是利用铁路局AEI监控中心、车辆段复示站、列检复示站对AEI设备故障进行自动提示，并对故障设备站名、所属段、故障处理人、处理时间、处理结果进行记录，全程进行跟踪，实现对故障处理进行指挥、协调、考核的综合功能，保证车号系统设备的正常运行。

（六）相关部门职责界定

1. 车辆部门负责车辆标签及标签编程设备管理，负责 AEI 设备、列检复示设备、车辆段复示设备、站修 CPS 及车辆厂（段）CPS 的管理与维护。

2. 信息技术部门负责铁道部车号信息管理中央数据库、铁路局 AEI 监控中心设备、车号信息查询中心设备及服务器，车站 CPS，车号信息处理、转发及相应软件的管理与维护。

3. 电务部门负责本部门提供的传输通道的日常维护和管理。

4. 供电部门与车辆部门分界：探测站、复示站机房用电以电力电缆引入室内配电箱端头为界，端头以外由供电部门负责，端头以内（包括配电箱）由车辆部门负责。

5. 运输部门负责车站 CPS 的日常

保养，配合有关部门完成 AEI 设备维护工作。

（七）设备故障抢修制度

1. 设备故障停机须在规定时间内恢复。探测站设备故障恢复时间为昼间不超过 6 h，夜间不超过 12 h；列检复示站、车辆段复示站和铁路局 AEI 监控中心设备故障恢复时间为昼间不超过 2 h，夜间不超过 4 h。对于特殊情况，如设备被盗、被破坏，不可抗拒的自然灾害等，须向上级部门请示汇报，尽快恢复。

2. 因检修停机，维修人员应通知列检复示站值班员、车辆段复示站值班员和铁路局 AEI 监控中心调度员，并如实填写《AEI 设备检修记录簿》，详细记录停机时间、恢复时间，并逐级上报。

（八）AEI 设备的日常管理

AEI 设备的日常管理须采用网络化远程监控方式，通过列检复示、车辆段复示、铁路局 AEI 监控中心，实时对 AEI 设备运行状态进行不间断监控。监控的主要内容包括：设备工作状态、网络状态和供电状态，对提示的故障类型须及时通知有关部门进行处理，并认真填写系统运用日常管理台账。

（九）设备综合技术指标考核

AEI 设备的综合技术指标为：开机率达 100%，使用率达 95% 以上，识别准确率达 99.5% 以上。各指标计算公式如下：

设备开机率 =（系统工作开机时间和 - 系统故障停机时间和）/系统工作时间 ×100%

使用率 =（识别的列车数/通过的

列车总数）×100%

识别准确率 =（正确识别标签数/总正常标签数）×100%

（十）设备日常维护基本要求

1. AEI 设备的日常维护采用半月检、春秋季整修和状态修相结合的方式。

2. 铁路局 AEI 监控中心设备、复示站设备实行日检，日检工作由车辆调度（值班）员负责，内容包括：检查计算机主机运行状态、供电情况、不间断电源、防病毒软件工作状态以及应用软件的工作状态。

（十一）系统供电

1. AEI 设备应使用两路供电。

2. 探测站须配备在线式 UPS 不间断应急电源，具备二路电源的探测站配备 2 h 在线式 UPS 不间断应急电源，单路电源的探测站须配备 8 h 在线式 UPS 不间断应急电源。

3. 铁路局 AEI 监控中心、车辆段复示站、列检复示站具备两路供电，并配备 2 h 在线式 UPS 不间断应急电源。

电压允许波动范围：交流 176 ~ 253 V，50 Hz。电力电压波动较大的地区，应使用宽稳压性能的交流稳压器。

两路供电线路不得同时停电检修。

设备电力电源故障或电压波动超限时，由车辆部门通知供电部门，供电部门接到发生故障通知后，应立即查找原因并进行处理。故障停电处理时间以供电部门接到电话通知算起。

（十二）系统功能

车号系统综合运用自动化控制技术、射频技术、网络通信技术和计算机智能化技术，具备在列车运行状态下计轴计辆、自动识别机车车辆车次和车号的功能，实现列车、机车、车辆实时跟踪管理。

1. AEI 设备

AEI 设备应具备下列基本功能：

（1）通过列车探测装置产生开机信号，判断列车通过方向，微波射频装置通过天线向标签发射载波信号，并同时接收由标签反射回来的调制信号；

（2）微波射频装置接收标签反射的调制信号，并将 FSK 编码和 FM0 编码格式的标签信号送至解码部分；

（3）解码部分对标签信息进行解码、译码、分析、存储、整理；

（4）自动判别被识别和未识别标签的机车或车辆所在列车中的位置；

（5）自动识别列车车次；

（6）自动采集列车运行速度；

（7）自动计轴计辆，检测出通过每列车的机后车辆总数；

（8）自动识别机车信息（机型、机车号、配属段、机车状态）及台数；

（9）自动判别客、货车辆；

（10）自动检测射频模块的输出功率、频率、天线驻波比、各磁钢阻值，同时支持手动检测功能；

（11）支持设备远程信息浏览和数据查询；

（12）实现应用程序的远程更新；

（13）自动判别列车低速运行或停车；

（14）自动判别列车已过并自动关机。

2. 低速探测装置

低速探测装置包括地环及有源磁钢，可对低速运行的列车进行自动判别。

3. 列检复示设备

通过数据信息集中管理设备（CPS）复示 AEI 设备的识别信息和设备技术状态信息，用于车辆运用检修管理和 AEI 设备的维护管理。

4. 车辆段复示设备

车辆段复示设备是对所管辖的 AEI 设备的运行情况进行实时监控，对设备故障进行报警，对 AEI 设备进行远程管理、远程维护。

（十三）传输通道及通信网络

AEI 设备与数据信息集中管理设备（CPS）间的传输通道采用电缆、数字电路或光缆，利用网络接口或专线 Modem实现数据交换，其中专线 Modem

采用2线传输方式，传输速率9 600 bit/s，通信协议执行 CCITT V.42 标准，网络接口采用 TCP/IP 协议，通道技术条件须符合有关规定。

数据信息集中管理设备（CPS）与列检复示设备采用专线、数字电路或数据网络传输。

铁路局 AEI 监控中心设备和车辆段复示设备的信息传输，铁道部车号信息管理中央数据库与数据信息集中管理设备（CPS）的信息传输采用铁路计算机网。信息传输协议、传输格式、通道技术条件须符合铁道部的有关规定。

通信网络结构图见图 1。

（十四）责任

1. 凡发生漏列、漏辆和误探时，铁路局须进行调查，按半月检标准对设

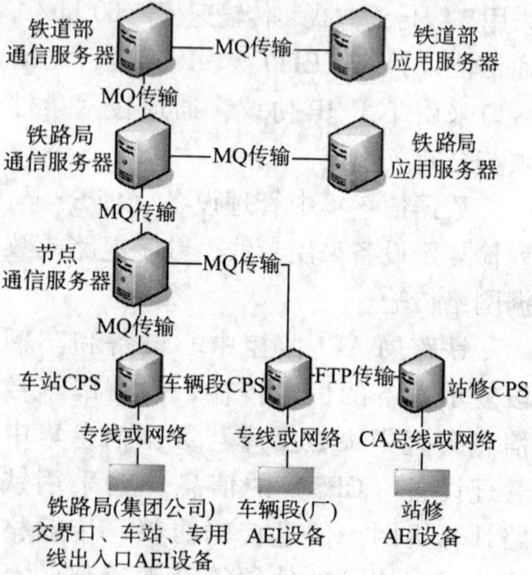

图 1

备进行技术鉴定，追究相关部门、单位的责任：

属设备设计、制造质量缺陷的，列设备厂家责任；

属使用不合格设备、技术改造不符合铁道部技术政策，以及设备大、中修过期的，列铁路局管理责任；

属设备大、中修质量缺陷的，列检修单位责任；

属装用的配件质量缺陷，列配件制造单位责任，追究配件装用单位责任；

属使用配件不符合铁道部规定的，列配件采购、装用单位责任，同时追究配件制造单位责任；

属设备日常维护不到位，列维护单位责任；

属检修、维护管理人员违章违纪造成设备漏探的，列检修、维护单位责任；

属传输通道和网络原因造成信息中断、误传的，列传输通道和网络维护单位责任；

属营业线施工或设备供电等原因造成 AEI 不能正常探测的，列施工管理或设备供电维护单位责任；

试用期间发生的问题由施工单位负责。

2. 设备生产厂家和检修单位承担产品在质量保证期内的质量责任。

三、TFDS 规章

货车故障轨边图像检测系统（以下简称 TFDS）是通过对运行货车进行动态图像检测，以人机结合的方式，及时发现车辆关键部位故障，保障铁路运输安全的重要设施。

（一）系统的构成

TFDS 由铁道部查询中心、铁路局车辆运行安全监测站、探测站、列检检测站及通信网络组成。

（二）部门分界规定

1. 车辆与供电部门分界：探测站、列检检测站机房用电以电力电缆引入室内配电箱端头为界，端头以外由供电部门负责，端头以内（包括配电箱）由车辆部门负责。

2. 车辆与通信部门分界：以探测站、列检检测站、铁路局车辆运行安全监测站室内通信电缆端子盒或网络设备为界，端子盒、网络设备及以外由通信部门负责，以内由车辆部门负责。

3. 车辆与信息部门分界：以探测站、列检检测站、铁路局车辆运行安全监测站交换机或墙壁网络插口为界，交换机或墙壁网络插口及以外由信息部门负责，以内由车辆部门负责。

（三）设备故障抢修制度

TFDS设备故障停机须在规定时间

内恢复，恢复时间为昼间不超过 4 h，夜间不超过 8 h。超过规定时间须报上级部门备案。对于特殊情况不能在规定时间内修复的，须向上级部门报告，并尽快恢复。

（四）设备综合技术指标考核

TFDS 设备使用要求包括开机率、使用率、兑现率。开机率须达到100%，使用率须达到 95% 以上，兑现率须达到 60% 以上。上述指标按月计算，计算方法如下：

开机率 =（系统工作开机时间和 - 系统故障停机时间和）/系统工作开机时间和 ×100%

使用率 =（探测列数/通过列数）×100%

兑现率 =（处理故障辆数/预报故障总辆数）×100%

（五）日常维护

铁路局车辆运行安全监测站和列检检测站设备实行日检，分别由监测站值班人员和动态检车员负责，日检的重点是系统运行状态、网络传输状态、供电情况、UPS 电源、防病毒软件工作状态以及应用软件工作状态的确认。

（六）系统功能

TFDS 是一套集高速数字图像采集技术、大容量图像数据实时处理技术、智能模式识别技术、计算机网络技术以及自动控制技术于一体的智能图像检测系统。

系统能够采集通过货车车辆关键部位的图像，并将图像传送到列检检测站，采用人机结合的方式对车辆进行外观检查，重点检查车辆底部及侧下部部件的技术状态。

（七）系统供电

1. 铁路局车辆运行安全监测站、列检检测站应具备两路供电，并配备4 h以上6 kV·A在线式UPS不间断电源。

2. 探测站、列检检测站电力电源故障或电压超限时，由车辆段通知供电部门处理，同时报铁路局车辆运行安全监测站备案。

（八）网络构成

TFDS的传输网络是TFDS信息传输的重要组成部分。TFDS探测站到列检检测站数据传输采用专用光缆通道，列检检测站、铁路局车辆运行安全监测站、铁道部查询中心之间利用铁路计算机网络，实现联网运行。

四、TPDS规章

车辆运行品质轨边动态监测系统

（以下简称 TPDS）是发现铁路货车运行品质不良、车轮踏面损伤和超偏载等安全隐患，保障铁路运输安全的重要设施。

（一）系统构成

TPDS 由铁道部查询中心、铁路局车辆运行安全监测站、探测站、列检复示站及通信网络组成。

（二）部门分界规定

1. 车辆与供电部门分界：探测站、列检复示站机房用电以电力电缆引入室内配电箱端头为界，端头以外由供电部门负责，端头以内（包括配电箱）由车辆部门负责。

2. 车辆与通信部门分界：探测站、列检复示站、铁路局车辆运行安全监测站以室内通信电缆端子盒或网络设备为界，端子盒、网络设备及以外由通信部门负责，以内由车辆部门负责。

3. 车辆与信息部门分界：探测站以网络设备为界，列检复示站、铁路局车辆运行安全监测站以交换机或墙壁网络插口为界。网络设备或墙壁网络插口及以外由信息部门负责，以内由车辆部门负责。

4. 车辆与工务部门分界：与测试设备有关的钢轨、轨枕、扣件、连接件、铁垫板等工务设备由工务部门负责，传感器、连接电缆和走线管（盒）由车辆部门负责。

（三）设备故障及检修停机报告审批制度

TPDS 设备故障停机须在规定时间内恢复，恢复时间为昼间不超过 6 h，夜间不超过 12 h，超过规定时间须报铁路局车辆处备案。对于特殊情况不能在规定时间内修复的，须向上级部门报告，并尽快恢复。

（四）系统使用要求

TPDS 设备使用要求包括开机率、使用率、兑现率。开机率须达到 100%，使用率须达到 95% 以上，兑现率须达到 60% 以上。上述指标按月计算，计算方法如下：

开机率 =（系统工作开机时间和 - 系统故障停机时间和）/系统工作开机时间和 ×100%

使用率 =（探测列数/通过列数）×100%

兑现率 =（处理故障辆数/预报故障总辆数）×100%

（五）报警标准

1. 超、偏载报警标准。货车超、偏载报警标准分为一级、二级、三级报警。

2. 踏面损伤报警标准。车轮踏面损伤报警标准分为一级、二级、三级报警。

3. 运行品质不良联网报警标准。对货车运行品质进行联网评判，运行品质不良货车联网TPDS报警。

（六）报警内容

报警内容包括探测站名、列车通过时间、车次、运行方向、编组辆数、车号、故障车位、故障类型、左/右侧、轴位、报警等级等。

（七）日常维护

铁路局车辆运行安全监测站和列检复示设备实行日检，分别由监测站值班人员和列检作业场动态检车员负责，日检内容为：检查计算机主机运行状态、网络传输状态、供电情况、UPS电源、防病毒软件工作状态以及应用软件的工作状态。

检修时间、方式和地点应符合规定。

（八）系统功能

TPDS 通过对轮轨垂直力和横向力的连续检测和分析，以及车辆运行状态综合联网评判，实现对运行品质不良货车的识别、货车装载超偏载、车轮踏面损伤的检测。

（九）系统供电

铁路局车辆运行安全监测站、列检复示站应具备两路供电，并配备 4 h 以上在线式 UPS 不间断应急电源。

探测站、列检复示站电力电源故障或电压超限时，由车辆段通知供电部门处理，同时报铁路局车辆运行安全监测站备案。

（十）网络构成

1. TPDS的传输网络是TPDS信息传输的重要组成部分。TPDS探测站、列检复示站、铁路局车辆运行安全监测站、铁道部查询中心之间利用铁路计算机网络实现联网运行。

2. 探测站通过地区电缆或光缆，以专线方式联入铁路广域网络，网络传输速率不低于128 kbit/s。

3. TPDS网络采用TCP/IP通信协议，系统联网节点（包括服务器、监控终端、复示终端、探测站设备等）须按照铁道部统一的网络规划分配相应的IP地址。

五、TADS规章

车辆滚动轴承故障轨边声学诊断系统（以下简称TADS）是发现货车滚动

轴承裂纹、破损等安全隐患，保障铁路运输安全的重要设施。

（一）系统构成

TADS 由铁道部查询中心、铁路局车辆运行安全监测站、探测站、列检复示站及通信网络组成。

（二）部门分界规定

1. 车辆与供电部门分界：探测站、列检复示站机房用电以电力电缆引入室内配电箱端头为界，端头以外由供电部门负责，端头以内（包括配电箱）由车辆部门负责。

2. 车辆与通信部门分界：探测站、列检复示站、铁路局车辆运行安全监测站以室内通信电缆端子盒或网络设备为界，端子盒、网络设备及以外由通信部门负责，以内由车辆部门负责。

3. 车辆与信息部门分界：探测站

以网络设备为界，列检复示站、铁路局车辆运行安全监测站以交换机或墙壁网络插口为界。网络设备或墙壁网络插口及以外由信息部门负责，以内由车辆部门负责。

（三）系统使用要求

TADS 设备使用要求包括开机率、使用率、兑现率。开机率须达到 100%，使用率须达到 95% 以上，兑现率须达到 60% 以上。上述指标按月计算，计算方法如下：

开机率 =（系统工作开机时间和 - 系统故障停机时间和）/系统工作开机时间和 ×100%

使用率 =（探测列数/通过列数）×100%

兑现率 =（处理故障辆数/预报故障总辆数）×100%

（四）报警标准

1. TADS 根据故障噪声频率确定轴承故障类型，分为内圈、外圈、滚子故障，当上述故障组合发生时列为其他故障。货车滚动轴承内圈、外圈、滚子等故障严重程度根据噪声的强度确定，按三个等级报警，分别为一级、二级、三级，一级为最严重。

2. TADS 实行联网综合报警，符合以下条件之一的由系统自动重点报警：（1）同一轴承连续 3 次被报警一级故障的；（2）同一轴承连续经过 5 次探测，并被报警 3 次一级故障的；（3）同一轴承连续经过 6 次探测，并被报警 3 次二级及以上故障的；（4）同一轴承连续经过 8 次探测，并被报警 5 次三级及以上故障的。

3. 报警内容包括探测站名、列车

通过时间、车次、运行方向、编组辆数、车号、故障车位、故障类型、轴位等。

（五）设备维护检修基本原则

网络监控铁路局车辆运行安全监测站负责对TADS设备进行实时监控，对设备故障自动报警，通知有关部门和单位对故障进行处理，保障系统设备正常运行。

（六）日常维护

铁路局车辆运行安全监测站和列检复示设备铁路局车辆运行安全监测站和列检复示设备实行日检，分别由监测站值班人员和列检作业场动态检车员负责，日检内容包括：检查计算机主机运行状态、网络传输状态、供电情况、UPS电源、防病毒软件工作状态以及应用软件的工作状态。

检修时间、方式和地点应符合规定。

（七）系统功能

TADS采用声学技术和计算机技术，对运行列车滚动轴承裂纹、破损等故障进行在线、早期诊断预报。系统软硬件设计具备抗干扰措施。软件采用纠错、多次重发、加密、报文压缩、远程计算机维护等技术。

（八）系统供电

1. 铁路局车辆运行安全监测站、列检复示站应具备两路供电，并配备4 h以上在线式UPS不间断应急电源。

2. 探测站、列检复示站电力电源故障或电压超限时，由车辆段通知供电部门处理，同时报铁路局车辆运行安全监测站备案。

复习思考题

1. 铁道部《红规》[即《车辆轴温智能探测系统（THDS）设备检修维护管理规程》]对铁路局监测站和复示站设备的日常维护如何规定？

2. 红外线检测车有哪些功能？

3. 车号系统由哪些部分构成？

4. TFDS 的设备综合技术指标考核有哪些？

5. TPDS 铁路局车辆运行安全监测站和列检复示设备的日常维护内容是什么？

第二部分

岗位作业程序及标准

一、工作职责及人员素质

（一）工作职责

对运行的管内 5T 设备、AEI 设备的运行情况进行实时监控，对发生的故障及时通知相关部门处理，监控 5T 和 AEI 探测站的运行状况，配合维修人员进行半月检和临时故障的抢修。加强与电务、供电、运输等相关部门的联系，积极组织协调协助临时故障抢修，确保 5T 及 AEI 系统正常运行。

（二）人员素质

1. 红外线调度员（值班员）应具有中专（高中）及以上文化程度，工作责任心强，忠于职守，遵守“两纪”，具有一定实践经验。

2. 红外线调度员（值班员）须持技术资格证和岗位合格证上岗，技术资格证由铁道部统一组织培训、考试后颁发，每两年复核一次。岗位合格证由铁路局负责考核颁发，每年复核一次。

3. 红外线调度员（值班员）须熟悉、了解管内 THDS 设备布局情况，能分别与列车调度员、车站值班员、列检值班员及各相关部门密切配合，协调工作。

二、作业流程

（一）上班前准备

上班前应充分休息，做到精力充沛，着装整齐，佩戴胸卡，持证上岗，并提前 10 min 接班。

（二）接班

1. 接班人员向交班人员了解设备使用状况，共同检查确认系统运行是否正常，了解上级有关命令和指示。

2. 观察设备工作状态，确认监视器显示清晰，计算机各功能键正常。

3. 确认打印机工作状态良好，色带打印清晰，打印纸充足。

4. 调看 1 至 3 个探测站当前列车的自检信息、轴温波形、轴距表、全列均值及有关数据，确认其工作状态良好。

5. 确认后及时认真填写交接班本。

（三）值机作业

1. 红外线探测站设备查询

（1）每 2h 内对管内所有红外线探测站设备状态进行全面查询。

（2）选择一条线路从起始站开始调阅，调阅该探测站最近 1 h 以内的过车，依次逐站进行调阅，直至本条线路所有探测站数据调阅完。重新选择下一条线路进行数据调阅，直到所有的线路查询完毕。

（3）查询的内容有自检数据、轴温数据、轴距数据、轴数序、车号数据和故障预报等信息。

（4）查询中要注意发现故障和异常数据。针对某探测站在 1 h 以内没有过车的情况，及时与该探测站最近的车站联系进行确认有无通过该探测站的列车。如有通过车可判定探测站存在漏接车或不接车故障，立即通知维修人员进行处理。

2. 组织故障抢修

（1）值班员发现区间探测站设备故障时，立即通知维修班组，将故障现象、发生时间、故障报文信息通知维修人员要求立即处理。同时将故障信息向车间值班干部、铁路局红外线监测中心进行汇报。

（2）盯控督促设备故障抢修进度，协调督促设备故障抢修的全过程。登记抢修人员出发时间、检修开始时间、结束时间和处理情况等信息。

（3）盯控故障探测站的设备状态信息，在设备抢修过程中将设备状态信息和报文变化情况及时反馈给抢修人员，结合日常故障抢修经验，指导现场抢修故障。

（4）设备故障抢修时，如需货物列车要点，须积极联系段调度、局红外线监测中心申请要点登乘，要点批复后，及时通知维修人员登乘地点、时间。

（5）经抢修人员确认，设备故障涉及铁通、供电等外单位原因需配合处理时，积极联系协调铁通、供电等部门要求处理；同时将此信息汇报铁路局红外线监测中心，请求上级协调铁通、供电等部门处理。

(6) 故障抢修完毕，与现场维修人员共同确认设备接车正常后，向铁路局红外线监测中心、车间值班干部汇报故障恢复，同时在《THDS 设备故障统计簿》上详细登记故障抢修信息。

3. 热轴信息联控反馈要求

(1) 对负责监控的区间探测站设备预报的各级热轴信息，必须在 1 min 内向铁路局红外线监测中心反馈，内容包括探测站名、方向、编组、热轴等级、热轴辆轴位、环温、温升信息。

(2) 接到各复示站值班员反馈的热轴联控信息，在 1 min 内向铁路局红外线监测中心反馈，内容同上述第 (1) 条。

(3) 对强热、激热预报信息，在

向铁路局红外线监测中心反馈后，20 min 内再次联系，询问扣车处理情况，并做好记录。

（4）对现场模拟定标产生的热轴、红外线动态检测车的模拟热轴信息不予反馈。

4. 重点列车的大列跟踪要求

（1）重点列车范围：军特运、动车组、红外线检测车等段文件通知的要求重点盯控的列车。

（2）调阅重点列车的自检、温升、轴距等数据，认真阅读分析报文。

（3）跟踪中如发现动车组通过各站时间发生晚点时，立即通知动车组运行区段正在进行维修的探测站人员，注意下道避车。

（4）红外检测车通过时，对检测车报文进行分析，发现检测车模拟热轴测温误差超标时，及时向车间值班领导和技术科反馈。

(5) 复示中心在大列跟踪中发现连续3个探测站同一轴位均为最大温升的，红外线管理复示中心须立即通知前方复示站值班员对该轴按微热预报。

(6) 对军特运列车跟踪中发现的异常探测信息、探测站设备故障信息，值班员必须立即向车间值班干部进行汇报。

(四) 交班

1. 交班人员向接班人员详细说明设备运行、热轴甩车反馈信息等情况，交班人员本班未处理完的事情由交班人员负责处理，否则不能交班离岗。

2. 确认后及时认真填写交接班本。

三、热轴预报及处理流程

（一）热轴预报

1. 红外线调度员接到强热、激热报警后，首先对热轴报文、波形进行分析，符合预报标准的，要将热轴信息传至相应的列调复示终端进行预报，列车调度员必须根据复示终端的报警显示按键进行确认。红外线调度员再使用直通录音电话用标准化用语将热轴预报内容通知列车调度员，由列车调度员确定车次，及时安排停车、甩车。然后，红外线调度员须填写《货车安全防范系统拦停甩车通知卡》，并送达列车调度员，双方签字确认。红外线调度员还应及时将热轴预报的情况通知铁路局车辆调度，车辆调度要安排有关车辆段派人处理热轴车辆。

2. 列检复示站红外线值班员接到强热、激热报警后，立即通过录音电话通知铁路局车辆运行安全监测站红外线调度员；接到微热和最大值（由 THDS 自动对列车单侧所有轴承温升进行对比，温升最高的为最大值）报警后，若列车在本站有停车作业，则须立即通知列检值班员，由列检值班员通知现场检车员。

（二）热轴处置

1. 列车调度员接到强热预报后，要立即下达调度命令安排列车在前方站停侧线；机车司机接到调度命令后，采用常用制动停车；若前方站为列检所在地车站，则由列检人员对预报轴位按规定进行检查；若前方站为非列检所在地车站时，就地甩车。

2. 列车调度员接到激热预报后，

要立即下达调度命令安排列车停车；机车司机接到调度命令后，采用常用制动停车；若列车站内停车且所在站有列检的，由列检人员检查确认；若列车站内停车但所在站无列检的，进行甩车处理；若列车区间停车，则由车辆乘务员负责检查，无车辆乘务员的由机车司机判断处置，确认能否继续安全运行。

3. 激热区间拦停处置判断标准：当轴承外圈存在新圆周磨痕、外圈破损、变形、变色（变蓝或变红）、冒烟、密封罩脱出时，机车司机要及时报告车站值班员并转报列车调度员安排列检人员进行现场处理。当轴承没有上述故障时，机车司机要及时报告车站值班员并转报列车调度员，根据调度命令限速 25 km/h 就近运行到前方站或按不超过 15 km/h 退回本站，当停靠站为列检所在地的，由列检人员进行检查，当停靠站为非列检所在地的，进行甩车处理。配备红外线拦停轴承故障智能判断系统的，由机车司机使用该系统进行判断处置。

4. 对非列检所在地甩下的热轴车辆，列检人员 24 h 内到达停靠站进行检查，并将检查结果报车辆段调度，由车辆段调度分别向铁路局红外线调度、车辆调度报告，红外线调度员要及时将确认结果在 THDS 联网系统中进行反馈。

5. 当 THDS 探测不到列车车次时，由列车调度员确定；当 THDS 探测不到车型车号时，由机车司机根据机后辆序，核对货票，确定货车车号。

四、TPDS、TADS、TFDS 作业标准

（一）TPDS 运用标准

1. 对运行状态不良联网一级预报货车，由现场检车员对车辆进行全面详细检查。

2. 对运行状态不良联网二级预报货车，由系统进行跟踪。

3. 对踏面损伤一、二、三级预报货车，由现场检车员对预报轮位进行检查确认。

4. 现场检车工长要对现场检车员认定无损伤或损伤不超限的一、二级预报货车进行复核。

（二）TADS 运用标准

1. 当 TADS 单次预报轴承一级故障时，由现场检车员对预报轴位进行检查确认。

2. 当同一轴承连续预报一级 3 次及以上，或同一轴承连续 5 次通过探测站，其中预报一级 3 次及以上，或同一轴承连续 6 次通过探测站，其中预报二级 3 次及以上时，系统自动弹出扣车预报对话框，现场检车员要对预报轴位进行检查确认；现场检车工长要对现场检车员认定无故障轴位进行复核。

（三）TFDS 作业标准

当货车安全防范系统预报重大故障，需要对货物列车进行拦停、甩车处理的，不列行车事故；未按预报信息进行检查确认和扣车处理，排到邻局后被邻局做扣车处理的，列该铁路局责任；后续铁路局发现重大车辆故障，经查前方铁路局 TFDS 动态检车员故障判断有误或故障判断准确但现场检车员未做处理的，列前方铁路局责任。

复习思考题

1. 复示值班员的工作职责是什么?

2. 复示值班员接班需做什么?

3. 复示值班员在值机过程中内容有哪些?

4. 列检复示站红外线值班员接到强热、激热报警后如何处理?

第三部分

常见故障判断及应急处理

一、5T 及 AEI 复示机房发生火灾的应急处置措施

1. 最先发现或到达现场的人员应立即切断电源。

2. 立即使用灭火器灭火或可以灭火的物品扑救。同时，使用联络设备通知当班领导，由当班领导召集全体工作人员现场实施扑救。

3. 当班领导即刻通知相关部门，根据火情大小如需报警立即就近用电话或手机报告消防中心（电话 119），报告内容为："×××发生火灾，请迅速前来扑救"，待对方放下电话后再挂机。

4. 派出人员到各路口等待引导消防车辆。

二、THDS 大面积发生与中心通信中断处置措施

1. 当班值班员立即检查网络互联设备的工作状态。

2. 若网络互联设备工作正常，当班值班员立即 ping 网关及出口网关，查看其通信状况。若不通，立即联系技术信息科（信息），向其通告并配合其处理。

3. 与铁路局车辆安全运行监测站及段复示中心联系，向其通告对管内的设备运行状况无法及时监控，请求其协助监控。

4. 立即与信息部门联系，配合信息部门处理。同时，使用联络设备通知当班领导。

5. 立即与离大面积中断的最近探

测站所在的车站联系，确定是否停电。

6. 立即与通信段联系，配合通信段处理。

三、AEI 大面积发生不传车处置措施

1. 当班值班员立即检查网络互联设备的工作状态。

2. 若网络互联设备工作正常，当班值班员立即 ping 网关及出口网关，查看其通信状况。若不通，立即联系技术信息科（信息），向其通告并配合其处理。

3. 与铁路局车辆安全运行监测站及段复示中心联系，向其通告对管内的设备运行状况无法及时监控，请求其协助监控。

4. 立即与信息部门联系，配合信

息部门处理。同时，使用联络设备通知当班领导。

四、触电应急处置措施

发现触电事件的任何个人都应当在第一时间抢救触电者，并让在场人员打120求援，同时，使用联络设备通知当班领导。

切断电源。

若一时无法切断电源，可用干燥的木棒、木板、绝缘绳等绝缘材料解脱触电者；用绝缘工具切断带电导线；抓住触电者干燥而不贴身的衣服，将其拖开，切记要避免碰到金属物体和触电者的裸露身体。

要预防触电者解脱后摔倒受伤。

触电事件发生后，应立即在现场设置警戒线，维护抢救现场的正常秩序，相关人员应当引导医生快速进入事件现场。

五、对货车超偏载监控措施

为充分发挥超偏载检测装置、TPDS系统等既有货运安全监测系统作用，建立健全货运安全监控保障体系，形成全天候、全方位、全过程的货运安全监测网络，确保超偏载货车百分之百地发现和处置，决定对货车超偏载进行集中监控，为此，作出以下规定：

1. 在铁路局车辆运行安全中心监测站（以下简称监测站）对 TPDS 和超偏载检测装置检测的货车超偏载信息进行集中监控，由监测站值班员将 TPDS 和超偏载检测装置一级（严重）超偏载信息统一向行车调度预报，由行车调度通知有关车站进行确认处理，有关车站要将确认处理结果分别向行车调度和监测站值班员进行反馈。

2. TPDS 监测的一级（严重）、二级（一般）、三级预报数据和超偏载检测装置监测的严重、一般预报数据及车站反馈的确认处理结果信息分别在铁路局和铁道部落地，铁路局数据保存时间不低于 1 年，铁道部数据保存时间不低于 2 年，作为责任追溯的依据。

3. 安装超偏载检测装置的车站，由铁路局车辆运行安全中心监测站值班员集中监控，统一预报。

4. 对既安装超偏载检测装置、也安装 TPDS 以及只安装超偏载检测装置的车站，监测站值班员只预报超偏载检测装置信息，TPDS 预报信息用于数据对比；对只安装 TPDS 的车站，监测站值班员只预报 TPDS 信息。

5. 监测站值班员对一级（严重）超载、偏载、偏重货车报警货车，要立即将车次、编组、辆序、车种车型、车号、报警时间、预报类别、预报时间，通过录音电话通知行车调度，并填写"超偏载货车通知卡"送至行车调度，双方签字；由行车调度通知有关车站值班员，车站值班员要将确认情况（是否换装整理）电话通知行车调度，书面通知监测站值班员；监测站值班员要将车次、辆序、车种车型、车号、预报类别、预报时间、是否甩车换装等情况，录入超偏载检测装置和 TPDS 信息反馈子系统。

6. 监测站值班员要实时查询超偏载检测装置、TPDS 的探测信息，密切监视系统运行是否正常、探测车次是否与运行图相符。当发现异常出现漏探时，要立即向有关部门报修并做好记录，并通知相关车站和列检作业场加强检查确认。

7. 经车站检查确认后放行的一级（严重）超载、偏载、偏重货车，若途中 TPDS 仍有一级（严重）报警，监测站值班员可不再预报。若后续车站超偏载检测装置仍有一级（严重）报警，则继续预报。

8. 监测站值班员未按规定预报的，列监测站值班员责任，行车调度未按规定通知的，列行车调度责任；车站值班员未按规定组织确认处理及进行处理结果反馈的，列车站值班员责任。

9. 铁路局车辆主管部门负责指导车辆运行安全中心监测站对管内超偏载预报及处理情况按日、周、月、半年、年进行统计，并向有关部门进行通报。

铁道部负责对各铁路局超偏载预报及处理情况进行统计、分析和考核。

六、无法预报时处理措施

列检复示站红外线值班员遇到下列情况无法预报时，须立即通知列检人员进行人工摸轴检查：

1. 设备发生临时故障暂时无法恢复时；
2. 设备受到干扰出现异常时；
3. 列车在探测站处调速停车时；
4. 因停电、维修、线路施工及其他因素造成设备无法正常探测时。

复习思考题

1. 5T 及 AEI 复示机房发生火灾时有哪些应急处置措施？

2. THDS 大面积发生与中心通信中

断时有哪些处置措施?

3. 触电时有哪些应急处置措施?

4. 列检红外值班员在什么情况下通知人工摸轴?